SOCIÉTÉ DE LÉGISLATION COMPARÉE

DISCOURS

PRONONCÉ

DANS LA SÉANCE DU 11 JANVIER 1882

PAR

M. le Président DUVERGER

PROFESSEUR A LA FACULTÉ DE DROIT

PARIS

A. COTILLON ET Cⁱᵉ, ÉDITEURS, LIBRAIRES DU CONSEIL D'ÉTAT

24, rue Soufflot, 24

1882

Extrait du *Bulletin de la Société de législation comparée.*

DISCOURS

PRONONCÉ

DANS LA SÉANCE DU 11 JANVIER 1882

PAR

M. LE PRÉSIDENT DUVERGER.

MESSIEURS ET CHERS COLLÈGUES,

Lorsque nous nous sommes séparés au mois de juin dernier, j'ai pu vous entretenir des sujets de satisfaction que donnait à la Société la session qui finissait.

Notre contentement s'est bientôt changé en douleur; la mort a frappé la Société avec acharnement; elle nous a ravi, en quelques mois, de nombreux collègues qui rendaient de grands services à la Société, qui, du moins, lui donnaient l'éclat ou la distinction de leurs noms.

Quelle que soit mon insuffisance, mon devoir est de rendre hommage à leurs mémoires.

L'un des premiers noms, le plus grand qui se trouve écrit sur la funèbre liste, est celui de M. DUFAURE, troisième président de la Société.

Je n'ai pas à faire, ici, le portrait du patriote, de l'homme d'État, de l'orateur politique, de l'académicien, ni même de l'avocat. D'autres ont dit ou diront, bien mieux que je ne saurais le dire, toutes les vertus et tous les talents qui ont rendu M. Dufaure vraiment illustre. Plusieurs d'entre vous, Messieurs, ont entendu, nous avons tous lu, avec admiration, la peinture que notre collègue, M. le bâtonnier, a faite de son grand prédécesseur.

Je voudrais seulement rappeler que M. Dufaure a été législateur, comme il était homme politique et avocat, avec supériorité.

La législation, telle que vous l'envisagez, est une face de la science par excellence, de la morale, dont elle dégage les devoirs que doit sanctionner la loi positive. Cette œuvre est si difficile, qu'il y a, pour la faire, peu de bons ouvriers.

M. Dufaure a été un excellent ouvrier : il avait les qualités maîtresses dans ce genre de travail, il était philosophe, il était homme de pratique non moins qu'homme de science, il était travailleur infatigable, il avait l'amour de la chose publique.

M. Dufaure était philosophe: il disait que la vie de l'homme est surtout dans la pensée qui dicte ses actes matériels (1); c'est le mot de La Fontaine :

Un esprit vit en nous.....

Cet esprit, M. Dufaure ne le mutilait pas. Comme la plupart des savants et avec l'humanité presque tout entière, il avait trouvé dans sa raison, et il n'en avait pas arraché « les yeux spirituels » qui voient Dieu et en Dieu la loi morale.

La conscience droite de M. Dufaure, son ferme bon sens, son intelligence si éclairée, sa logique puissante avaient besoin de Dieu; il lui rendait publiquement hommage ; il disait, par exemple, dans la cause des filles du prince Eugène : « Dieu a voulu qu'elles dussent le jour à un prince si noble et si grand... (2) ».

M. Dufaure était de la grande école de vérité et de vertu qui s'appelle le christianisme.

Ses principes étaient la justice et la charité: ils ont donné à sa vie l'unité et je peux dire, la grandeur ; ils ont été les sources pures d'où sont sorties les lois qu'il a proposées et celles qu'il a soutenues.

Pour M. Dufaure, l'individu et l'État ont droit au respect et au dévouement.

Le respect de l'individu l'inspire, quand il demande à la seconde Constituante de consacrer le principe de la liberté de l'enseignement, parce que « cela importe au développement de l'intelligence et de la moralité dans notre pays, *au respect dû aux droits du père de famille,* aux égards dus à toutes les croyances... (3) ».

Trente-deux ans plus tard, le sénateur octogénaire invoquera le même respect pour défendre la même liberté.

On peut dire que M. Dufaure, à la Chambre comme au Palais, s'appuie sur le plus solide fondement de la liberté et de la démocratie, sur la maxime : *Homo res sacra homini;* dans ses adieux, de bâtonnier, à la conférence des avocats, M. Dufaure en a fait ce commentaire : « Il se forme en nous un certain et vif intérêt pour la personnalité et la dignité humaine, noble sentiment qui donne au persécuté de tous les temps, à la victime de toutes les tyrannies, la

(1) *Affaire Dumineray*, plaidoirie de Mᵉ Dufaure, p. 26 *in fine.*
(2) *Les Héritiers du prince Eugène* contre M. Perrotin, p. 4.
(3) Duvergier, *collection complète des lois*, 1848, p. 568, notes.

certitude de trouver parmi nous des défendeurs empressés et dévoués, et quelquefois aussi des défenseurs indignés; car il n'est pas chez nous de sentiment plus profond que le mépris de la force matérielle, lorsqu'elle brave toutes les lois, viole tous les droits et se joue des sentiments les plus élevés de la nature humaine (1) ».

L'État n'était pas, pour M. Dufaure, moins sacré que l'individu. Deux fois, il a dû des triomphes de tribune et de vote à la défense de cette vérité, que l'État, pas plus que les particuliers, n'est tenu d'une obligation proprement dite envers la personne qui lui demande du travail; que l'État comme les particuliers est seulement astreint au devoir de charité; il a montré la doctrine contraire arrivant à ne voir « dans la plus formidable et la plus coupable insurrection, autre chose qu'un protêt que la société avait refusé d'acquitter (2) ».

M. de Lamartine déclara, à la tribune, que M. Dufaure avait porté le débat « à la hauteur d'une question de haute philosophie, de haute moralité et de haute politique ».

La liste serait trop longue de toutes les lois ou propositions auxquelles le nom de M. Dufaure demeure attaché, et dont le principe est la garantie du droit de l'individu et du droit de l'État; je rappellerai seulement les lois sur l'état de siège du 9 août 1849 et du 3 avril 1878; la loi du 12 mai 1871 sur les propriétés publiques ou privées, saisies ou soustraites à Paris depuis le 18 mars; la loi du 12 février 1872 sur la reconstitution des actes de l'état civil, cette constante préoccupation de M. Dufaure; la loi du 14 mars 1872 sur les affiliés à l'association internationale des travailleurs; la loi du 21 novembre 1872 sur le jury; le projet sur les ventes judiciaires d'immeubles (3); le projet présenté au Sénat et, jusqu'à ce jour, voté seulement par la Chambre haute, sur l'extradition (4).

Le principe d'assistance ou de dévouement, soit à l'État soit à l'individu, inspire souvent M. Dufaure législateur.

Où donc le légiste, l'avocat dont la jeunesse a mûri dans l'étude des textes et des procès, a-t-il pris cet élan vers les grands travaux

---

(1) *La Conférence*, journal du jeune barreau, 5 et 20 août 1864.

(2) *Compte rendu des séances de l'Assemblée nationale*, t. IV, p. 14 et suiv.; t. V, p. 253.

(3) Voir sur ce projet et sur d'autres œuvres législatives de M. Dufaure, le remarquable travail: *Réformes et projets judiciaires*, 1875-1876, par M. Picot, membre de l'Institut.

(4) M. Dufaure dit, dans l'exposé des motifs: « Déjà plusieurs législations ont réglementé l'extradition... »; il donne, en appendice, le texte des lois anglaise, belge, néerlandaise.

publics? Dans le patriotisme qui est, au fond, l'une des formes les plus grandes de la charité. On sent l'amour du pays dans les exposés de motifs et dans les rapports de M. Dufaure, ministre des travaux publics en 1839, puis rapporteur des lois qu'il n'a pas eu le temps de faire aboutir. S'agit-il, pour presser l'exécution du chemin de fer de Paris à la mer, d'obtenir des Chambres la modification du cahier des charges de la compagnie concessionnaire : « Le marasme, dit M. Dufaure, a succédé à la généreuse ardeur dont les débuts avaient tant promis..... L'agiotage s'est tué lui-même, que lui seul soit anéanti; que les entreprises honorables se relèvent... qu'elles attirent à elles toute la vie et la sève de la nation, un instant égarées et compromises par de folles spéculations... ». Faut-il emporter le vote de la célèbre loi de 1842 sur les grandes lignes : « Vous avez donné déjà des millions (M. Dufaure rappelle les sommes dépensées) »; il ajoute : « Mais nous ne pouvons nous borner à ces timides efforts. Le projet de loi a pour but de faire succéder une exécution hardie à ces longs tâtonnements et de donner à ces travaux plus d'utilité et de grandeur... ».

Le futur président de la Société de législation comparée s'annonce par le soin que met le rapporteur à décrire les systèmes suivis pour créer les chemins de fer en Belgique, en Angleterre, en Allemagne, aux Etats-Unis.

Si l'éloquence de M. Dufaure a fait rejeter par l'Assemblée de 1848 la reconnaissance du droit au travail, cette éloquence n'a pas été moins persuasive pour faire voter, par la même Assemblée, la reconnaissance des devoirs de l'État. La Société, a dit M. Dufaure, doit être comme *une mère vigilante et attentive* qui met l'instruction à la portée de tous ses enfants, qui assiste ceux qui souffrent, soit en procurant du travail à ceux qui peuvent travailler, soit en donnant des secours à ceux qui ne le peuvent pas.

Tous les faibles qui ont besoin de protection attirent M. Dufaure; il propose, comme garde des sceaux, en 1878, le projet qui est devenu la loi du 27 février 1880 : elle étend à la fortune mobilière des mineurs et des interdits les garanties que le Code n'avait accordées qu'à leur fortune immobilière. En 1879, lorsqu'il n'est plus ministre, M. Dufaure use du droit d'initiative pour proposer au Sénat, avec l'honorable docteur Roussel et quelques autres collègues, une loi sur la protection des enfants abandonnés, délaissés ou maltraités (1).

L'amendement des condamnés, le patronage des libérés préoccupent incessamment M. Dufaure : « Il faut, dit-il, émouvoir l'opi-

(1) Séance du Sénat du 28 juillet 1879.

nion publique passive et indolente (1) ». Il seconde M. le sénateur Bérenger pour fonder, avec lui et avec plusieurs d'entre vous, Messieurs, la Société générale des prisons.

L'activité législative de M. Dufaure, son amour des études consciencieuses et fécondes, l'ont porté à faire partie de la Société de Législation comparée, dès la seconde année de sa fondation.

La séance du 17 février 1870, dans laquelle ont été proclamés les noms de MM. Dufaure, Jules Grévy, Aucoc, que le Conseil de Direction s'était empressé d'accueillir, demeure, pour la Société, une date heureuse, entre toutes.

La présidence fut décernée, en 1873, à M. Dufaure; il a fait souvent à nos séances générales, presque toujours aux réunions du Conseil, l'honneur de les présider.

Vous avez le droit, Messieurs, de rappeler que M. Dufaure, après avoir pris connaissance de vos travaux, a déclaré qu'il lui était arrivé de dire que la jeunesse de nos jours est moins ardente au travail que la jeunesse d'autrefois, mais que, désormais, il mettait « un terme à ces apologies grondeuses du passé ».

Dans son discours de rentrée, en 1875, M. Dufaure nous a entretenu d'un sujet qui lui tenait au cœur, de l'adoucissement des conséquences de la guerre, des travaux, sur ce point, de la conférence de Bruxelles.

Il ne se flattait pas qu'une ère moins tourmentée et moins sanglante s'ouvrît bientôt pour les nations. « La paix universelle, disait-il, est la pierre philosophale des politiques qui ont au cœur quelque souci de l'humanité. Il faut lui appliquer le mot de Fontenelle : « Il est bon qu'on ait cherché la pierre philosophale ; « en la cherchant, on a trouvé de très beaux secrets que l'on ne « cherchait pas ».

M. Dufaure, après avoir quitté la présidence, a rendu, comme garde des sceaux, un service considérable à l'étude des législations étrangères : il a fondé, à la chancellerie, la Bibliothèque et le Comité de Législation étrangère. La Société joint au nom de M. Dufaure, dans l'expression de sa reconnaissance, celui de son ancien secrétaire général, de l'honorable M. Ribot, qui était alors secrétaire général du ministère de la justice.

Fournir à nos législateurs le moyen de puiser des enseignements dans les lois étrangères, c'était encore servir le pays.

De tous les services que lui a rendus M. Dufaure, le plus grand, je crois, est l'exemple d'une longue vie remplie par l'accomplissement de tous les devoirs publics et privés. De là est venue l'auto-

_____

(1) Discours à la Société générale des prisons, *Bulletin*, t. I, p. 42.

rité qui demeure attachée au conseil que M. Dufaure n'a cessé de donner à la France : être fidèle aux principes.

Ne pas violer les principes, car, disait-il, en citant une parole de Carnot ; « Tous nos malheurs, aux diverses époques de la Révolution, sont venues de la violation des principes... (1) ».

Tirer des principes les conséquences qu'ils contiennent, parce qu'autrement la liberté et l'égalité ne sont pas satisfaites. C'est la dernière parole publique de M. Dufaure.

« Le droit de s'associer, a-t-il dit au Sénat, aussi bien que le droit de manifester sa pensée par la voie de la presse, de professer librement sa religion, d'enseigner, de travailler, appartient à tout le monde ; il ne pouvait entrer dans notre pensée de l'interdire à personne ; nous vous proposons une loi d'égalité en même temps que de liberté (2). »

« L'estimation et le prix d'un homme, selon Montaigne, consiste au cœur et en la volonté : c'est là où gist son vray honneur : la vaillance c'est la fermeté.... Celuy qui tombe obstiné en son courage... est battu, non pas de nous, mais de la fortune ; il est tué, non pas vaincu... »

M. Dufaure est mort obstiné en son courage de patriote libéral.

De M. Dufaure à M. JOZON, la transition est, à la fois, douloureuse et facile : elle est douloureuse, la différence des âges marque ce que la mort nous a ravi de beaux travaux, de grands services, en nous prenant M. Jozon à l'âge de quarante-cinq ans ; la transition est facile parce que chez M. Jozon, comme chez M. Dufaure, le fond du caractère était le désintéressement et le dévouement.

Quand M. Dufaure, en décembre 1877, redevint président du Conseil et garde des sceaux, il proposa à M. Jozon d'être sous-secrétaire d'Etat au ministère de la justice. Si cette offre fait grand honneur à M. Jozon, c'est un honneur aussi pour la mémoire de M. Dufaure, qu'en 1879 M. Jozon ait écrit : « M. Dufaure reste accompagné dans sa retraite de l'estime et du respect universels, non seulement de la France mais de l'Europe (3). »

La mort imprévue, saisissante, de M. Jozon a fait éclater un concert d'éloges, aussi mérités qu'éloquents, donnés au citoyen, au député, à l'avocat, à l'homme privé ; notre douleur unanime répon-

(1) Circulaire de Carnot, ministre de l'intérieur, du 8 juin 1815, citée par M. Dufaure dans l'affaire de M. le marquis de Flers, p. 48.

(2) *Proposition de loi sur le droit d'association* (Annexe au procès-verbal de la séance du 17 juin 1880).

(3) *Compte rendu...* aux électeurs de l'arrondissement de Fontainebleau, p. 11.

dait à ces éloges; mais elle demandait, elle demande qu'il soit dit, au nom de notre Société, ce qu'elle doit à M. Jozon, ce que lui doit la science de la législation.

M. Jozon, dont il connaissait le jugement sûr et l'activité infatigable, fut le premier que M. Ribot entretint de son idée, si heureuse, de fonder une Société de Législation comparée. M. Laboulaye. toujours prêt à accueillir les idées fécondes, comme à soutenir les causes libérales, accepta le patronage de la Société naissante. Celle-ci, dans sa première séance, déféra la présidence à son illustre patron, et à M. Jozon l'honorable, mais lourde et difficile, charge du Secrétariat général. Il s'en est acquitté de telle sorte que la Société a fait tout de suite de grands progrès.

Le Secrétaire général trouvait le tei ﹍s d'augmenter l'intérêt de nos séances par ses communications: en février 1870, il exposait les principales théories ayant cours à l'étranger sur les nationalités; il nous initiait, avec la lucidité qui était un des caractères de son talent, aux doctrines régnantes en Allemagne, en Angleterre, en Russie, aux Etats-Unis, en Suisse. Il montra, d'une façon piquante, comment la première théorie allemande identifiait la race avec la nation et reconnaissait l'identité de race à la communauté de langue; comment les Polonais, les Tchèques de la Bohême, les Madgyars de la Hongrie, etc., retournèrent cette théorie contre les Allemands; comment ceux-ci changèrent alors de doctrine et proclamèrent l'unité de culture, caractère constitutif de la nation. Après la séance, M. Laboulaye disait: quel professeur serait Jozon! Nous ajouterons: quel homme bon et juste s'était montré Jozon, dans cette étude! quand il avait déclaré que le patriotisme avait beau s'inspirer de sentiments nobles et généreux, qu'il n'en était pas moins fort dangereux dans ses effets, lorsqu'il ne s'appuyait pas étroitement sur l'idée de justice, et que ceux qui en éta﹒ent imbus n'avaient d'autre idéal que d'assurer la grandeur de leur pays, fut-ce au mépris du droit des pays voisins.

A la même époque, Jozon prenait part aux discussions de nos séances sur le notariat, sur l'extradition, sur le jury; il concourait aux travaux de nos commissions. Dans celle qui étudiait la question des aliénés, il révéla sa constante préoccupation de toutes les misères, en demandant que le domicile de secours fût l'objet d'une étude de législation.

Élu député, en février 1871, Jozon, pour satisfaire à ses nouveaux devoirs, sans négliger ceux que son cabinet lui imposait et qu'il remplissait avec autant de conscience que de talent, dut renoncer aux fonctions de secrétaire général de la Société. Mais il continua d'intervenir fréquemment dans les discussions, montrant, chaque fois, l'étendue et la solidité de ses connaissances. Il avait étudié toutes les branches de la législation.

En 1875, il fut chargé, par le conseil de direction, de faire connaître à la Société la nouvelle Constitution de la Suisse. Jozon dessina habilement les traits principaux de la Constitution de 1848, du projet présenté et rejeté en 1872, de la Constitution votée en 1874. Sa droiture lui dicta ces observations : « De 1872 à 1874, le conflit entre les autorités civiles et le clergé catholique s'était singulièrement envenimé. A des provocations condamnables, les autorités civiles avaient répondu par des actes de violence et des illégalités, que nous ne saurions approuver, nous serviteurs du droit avant tout, à quelque parti que nous nous rattachions... » Et plus loin : « Quant au mérite de la Constitution (de 1874), nous devons faire une réserve en ce qui concerne les mesures d'exception prises contre les catholiques... (1) ».

En 1876, ce n'est plus une large étude sur toute une Constitution que Jozon vous présente, il sait être intéressant et utile dans l'analyse du règlement du Parlement canadien et des règlements des deux Chambres américaines. Le premier l'avait attiré, parce que le Parlement canadien sait faire vite, faire beaucoup et faire bien, — ce qui était le mérite même de notre éminent collègue; — les règlements des États-Unis l'avaient séduit, parce qu'il y avait aperçu cette équitable et généreuse idée, qu'il doit exister, pour tous les cas possibles, une forme de procéder qui protège les minorités (2).

Entre-temps, Jozon discutait ici, avec sa logique vigoureuse, à propos de la communication de M. Vavasseur sur la loi des Sociétés en Belgique, la question des garanties qu'il convient de donner aux obligataires (3); à propos de l'étude de M. Le Loup de Lancy, relative à l'expropriation pour cause d'utilité publique dans divers pays, la question du choix à faire, par la loi, de l'autorité, magistrature ou jury, qui fixera l'indemnité (4).

En 1877, Jozon, revenant d'Egypte où l'avaient appelé, pour défendre leurs intérêts, de nombreux clients, vous présenta une remarquable Etude sur l'organisation des tribunaux égyptiens (5).

Lorsque nous eûmes le malheur de perdre M. Reverchon, M. Jozon fut choisi par le Conseil pour être l'un des présidents de la section française. Il fournissait à cette section de précieux docu-

(1) *Bulletin...*, 1875, p. 24-27.
(2) *Bulletin...*, 1876, p. 311-312, 389.
(3) *Bulletin...*, 1875, p. 330 et suiv.
(4) *Bulletin...*, 1877, p. 91 et suiv.
(5) *Loc. cit.*, p. 468.

ments sur le mouvement législatif de la Suisse, avec laquelle il entretenait, dans l'intérêt de la Société, une active correspondance.

Pendant cinq ans, Jozon a été l'un des habiles et laborieux collaborateurs de notre Annuaire. Nous lui devons les notices sur les travaux législatifs de la Suisse, de 1873 à 1877; la traduction et l'annotation des lois électorales de l'Autriche-Hongrie, votées en 1873; la notice sur le mouvement législatif au Canada, en 1875.

Je nommerai seulement les ouvrages du jurisconsulte : la traduction que Jozon a donnée, avec M. le professeur Gérardin, du *Droit des Obligations*, de M. de Savigny, — cette traduction annotée est parvenue, depuis plusieurs années, à la seconde édition ; — le *Manuel de la liberté individuelle*, publié avec M. le sénateur Hérold, et qui est arrivé à la huitième édition ; des dissertations sur des questions de droit civil fort difficiles (1).

Je dois aussi me borner à l'indication de quelques-uns des travaux parlementaires de M. Jozon. Dans l'Assemblée nationale, il a pris une grande part, notamment, à la discussion des lois sur les élections municipales, de la loi sur la réorganisation du Conseil d'Etat; à la Chambre des députés, sans parler des lois politiques, il a fait un rapport remarquable sur la proposition relative au prêt à intérêt; il a été rapporteur encore de cette loi du 27 février 1880, que j'ai eu l'honneur de vous rappeler déjà à propos de M. Dufaure, et qui donne aux mineurs et aux interdits une protection trop longtemps attendue.

Ce député si laborieux, « qui a rendu le mandat parlementaire redoutable »; cet avocat qui ne comptait, a dit le président de son ordre, ni avec ses forces ni avec son intérêt, près duquel il suffisait souvent d'être pauvre pour devenir son client; ce membre si dévoué de notre Société et de bien d'autres, trouvait encore le temps de méditer pendant quinze ans, et d'écrire un volume sur une orthographe rationnelle, sur une écriture universelle, l'*Écriture phonétique*.

Pourquoi le fardeau de cette étude ajouté à tant d'autres fardeaux ?

Jozon est tout entier dans la réponse que nous fait l'introduction de son livre : « S'il est vrai que le jour où les nations n'auront entre elles que des relations pacifiques et amicales est encore bien éloigné…, il n'en est pas moins vrai que nous devons, dès à présent, nous préoccuper des questions nouvelles que fait naître une perspec-

_____

(1) *Revue pratique*, t. XIV, p. 378 : Vente faite par l'héritier apparent; — t. XX, p. 358 : Nature du droit du preneur.

tive inconnue jusqu'ici. — Parmi ces questions, la principale est celle de l'amélioration des moyens de communication... (1) ».

La science, la politique, la profession n'absorbaient pas Jozon ; la famille tenait dans son cœur et dans sa vie la place qui lui est due. Gendre de notre regretté vice-président, du bon, du savant, de l'irréprochable bâtonnier Lacan, Jozon recevait, et il savait donner le bonheur domestique.

Voilà, Messieurs, l'esquisse seulement des titres, de notre aimé confrère Paul Jozon, à la sympathie et au respect qui accompagnent sa mémoire, mémoire si pure qu'elle est honorée même chez ses adversaires politiques (2).

M. GIRAUD n'a pas été législateur, comme l'ont été MM. Dufaure et Jozon ; il n'a pas écrit sur la réforme des lois ; il ne s'est pas consacré à leur interprétation ; il était surtout un érudit, un historien, un lettré. Cependant, il a voulu vous appartenir, parce qu'il était historien philosophe, et qu'à ce titre il donnait au droit la place qui lui appartient, notamment dans l'histoire nationale. « Notre pays, disait-il, est le pays du droit : le droit est notre honneur et notre gloire. L'épée et le droit, voilà, dans notre histoire, l'origine et la formation de la société française (3). »

La philosophie de l'histoire avait conduit M. Giraud à la philosophie du droit. Ce côté de son mérite l'a rapproché de vous, c'est celui, je crois, qu'il convient surtout de rappeler aujourd'hui.

Dans son premier ouvrage, la Notice sur Fabrot, M. Giraud se révèle historien philosophe, soit lorsqu'il rend à Grotius cet hommage qu'il a posé les principes de la civilisation moderne et du droit des gens européen ; soit lorsqu'il caractérise le rôle de l'Eglise dans l'histoire, et qu'il la montre faisant prévaloir le droit sur la force (4).

Les ouvrages postérieurs de M. Giraud, ceux qui lui ont ouvert les portes de l'Institut, montrent que le savant professeur suivait, en philosophie du droit, la doctrine qui part de Platon pour arriver par Cicéron et les jurisconsultes romains, par Grotius et Domat, à

(1) Page 2.

(2) « Absolument séparés de M. Jozon comme catholiques et comme monarchistes, nous tenons à rendre publiquement hommage aux qualités incontestables de l'homme privé, à sa probité, à sa vie laborieuse, aux talents du jurisconsulte, au respect qu'il avait toujours su garder de la personne de ses adversaires politiques. »   Baron TRISTAN LAMBERT.

Journal la Défense, de Seine-et-Marne, cité par l'Union républicaine de Fontainebleau, 13 juillet 1881.

(3) Discours prononcé à la distribution des prix de la Faculté de droit de Paris, 1862, éloge de Savigny.

(4) Notice sur la vie de Fabrot, p. 46, 142-144.

d'Aguesseau et aux Portalis. Il a dit, dans l'*Introduction à Heineccius*, plus connue sous le titre d'*Histoire du Droit romain*, que la conscience révèle à l'homme le droit d'être libre et qu'elle lui révèle aussi l'obligation de respecter la liberté d'autrui; que si Bacon, Leibniz, Bossuet, Kant ont admiré le droit romain, c'est qu'aucune législation sur la terre n'a produit un plus grand modèle du juste et du vrai (1); et dans les *Recherches sur le droit de propriété chez les Romains*, M. Giraud, comme Portalis, comme Cousin, comme Bastiat, déclare que le fondement de la propriété est la nature même de l'homme (2).

Parvenu à l'autorité du maître, M. Giraud, dans l'*Essai sur l'histoire du droit français au moyen âge*, reproche aux jurisconsultes modernes d'avoir négligé, avec la philologie et l'histoire, la philosophie (3); il se montre historien philosophe, avec supériorité, lorsqu'il écrit : « Cette grande unité, vers laquelle l'humanité gravite sans cesse, était apparue à l'univers sous la protection des aigles romaines; mais c'était l'unité qui subjugue et non pas l'unité qui régénère... Le christianisme permit aux nations de se reconstituer sous la sauvegarde d'une sainte et religieuse unité, née de leur intérêt collectif et de la protection d'un Dieu commun. C'était l'unité réparatrice et vivifiante, après laquelle soupirait ce monde misérable, ruiné par les folies, les erreurs et les crimes de l'administration romaine (4) ».

Cette page et beaucoup d'autres, éparses malheureusement dans de nombreux ouvrages, ont placé M. Giraud bien près des historiens qui sont, au xixᵉ siècle, l'une des gloires de la France.

M. Giraud donne, dans ses écrits, le premier rang à la justice. Il a consigné, dans son histoire du Traité d'Utrecht, cette remarque, vraiment consolante de la part d'un érudit et d'un observateur tel que lui : « Par un effet admirable des lois de la Providence, il arrive rarement que la force prévale contre le droit (5) ».

Deux ans avant sa mort, M. Giraud a fait, pour l'Académie, un travail sur l'idée du droit; il confirme, en le développant, ce qu'il avait écrit antérieurement; le droit est toujours, pour lui, l'équilibre des libertés légitimes de chacun : « Changez les mots, dit-il, c'est le *suum cuique* des jurisconsultes romains (6) ».

(1) Pages 3 et 4.
(2) Page 3.
(3) *Avertissement*, p. xv.
(4) Pages 303 et 304.
(5) Page 36.
(6) *De l'idée du droit*, Séances et Travaux de l'Académie des sciences morales; Compte rendu par M. Ch. Vergé, 1879, p. 683.

On ne peut avoir cette idée du droit sans poursuivre ce qui est, Messieurs, l'objet de vos préoccupations et de vos travaux, le progrès du droit. M. Giraud avait cette préoccupation. La preuve en est, entre autres, dans un trait fortement marqué des portraits qu'il a faits de plusieurs jurisconsultes. Il met en relief, avec une sympathie manifeste, le goût ou la passion de ses modèles pour l'amélioration des lois; et c'est le plus souvent la poursuite du progrès qui donne, dans les notices de M. Giraud, le mouvement au récit.

La biographie d'Estienne Pasquier raconte, dans tous ses détails, le procès de l'Université avec les Jésuites, que Pasquier considérait comme la plus grande affaire de sa vie, et qui l'éleva, dit M. Giraud, du rang des hommes de Palais au rang des hommes d'État. Mais l'historien ne s'étend guère moins sur la réformation de la coutume de Paris, à laquelle fut appelé Pasquier. M. Giraud retrace les qualités de l'esprit qui faisaient de Pasquier un jurisconsulte capable d'être législateur : il le loue fort de n'avoir pas cherché dans un but de curiosité les origines du droit coutumier, mais d'avoir aperçu que l'histoire lui révèlerait l'esprit même de la loi, et aussi, — ce trait vous touchera, — d'avoir connu, mieux que personne, les praticiens italiens des xiiie et xive siècles, pères véritables de la pratique française. L'histoire de l'*Interprétation des Institutes de Justinien* ramène M. Giraud à l'esprit philosophique de Pasquier, dans lequel, dit-il, brille la lumière d'équité et qui s'inspire à la sagesse même du législateur.

Dans la notice sur M. de Savigny éclatent d'abord l'admiration et la reconnaissance, de l'érudit, pour le savant qui a présidé « à la renaissance nouvelle ». Ce mouvement de l'esprit, produit par les découvertes de textes, qui ont marqué la première partie du siècle, « a comblé de joie ma jeunesse », dit M. Giraud ; mais bientôt le biographe met en relief le côté le plus élevé de l'illustre professeur allemand ; il le montre dans sa chaire, expliquant comme Montesquieu qu'il y a une raison primitive et divine, que les bonnes lois ne sont que l'expression des rapports qui doivent se trouver entre cette raison supérieure et les actes humains. M. Giraud se plaît à constater que l'un des derniers ouvrages de M. de Savigny, le *Système du droit romain actuel*, offre le plus grand intérêt que puisse rechercher un noble esprit, la poursuite de la sublime vérité.

Dans la notice sur M. Dupin aîné, l'analogie entre le caractère du célèbre légiste et celui de ses devanciers des xiiie et xive siècles, amène M. Giraud à marquer les services que ces derniers ont rendus à la France. Ce qu'il relève à leur honneur, c'est le progrès qu'ils ont accompli dans notre droit public, c'est d'avoir fondé l'indépendance de la couronne vis-à-vis de la papauté.

M. Giraud avait de la prédilection pour la doctrine de l'État maintenant l'ordre par la forte constitution du pouvoir, et, par suite, pour la marche en ce sens du droit public ; mais il savait aussi comprendre les jurisconsultes qui ont poursuivi la conciliation du respect de la liberté avec le respect de l'autorité.

Tels ont été M. Bérenger et le comte Sclopis, dont M. Giraud a raconté la vie.

Il fait honneur au premier, alors jeune avocat général, d'avoir dit à Napoléon, au retour de l'île d'Elbe, que la France avait besoin de liberté ; et plus tard, dans sa belle carrière politique et judiciaire, d'avoir réclamé les garanties qui doivent assurer la libre défense des accusés, d'avoir contribué à l'atténuation des peines, d'avoir poursuivi l'amendement des condamnés.

M. Giraud loue le comte Sclopis d'avoir secondé le roi Charles-Albert, non seulement dans la réforme des lois civiles, mais aussi dans la préparation du Statut qui a doté la Sardaigne du régime constitutionnel.

Tous ces ouvrages de M. Giraud sont faits de main d'ouvrier, ils élèvent l'esprit ; ils inspirent, comme le veut La Bruyère, des sentiments nobles et généreux.

Tel est le talent de M. Giraud qu'il réussit à peindre les caractères qui n'ont pas de rapport avec le sien. Il n'aime pas à gronder, cependant il fait revivre le maréchal de Villars qui disait : « Les bons et fidèles serviteurs grondent souvent », et qui grondait tant que ses gronderies effrayaient Mme de Maintenon.

La justice commande d'ajouter que, dans une circonstance mémorable, M. Giraud a su gronder, et sacrifier sa place de conseiller d'État à sa conscience qui lui prescrivait d'opiner, dans l'affaire des biens de la famille d'Orléans, contre la validité du conflit.

M. Giraud avait le sang-froid du courage. Pendant le siège de Paris, alors que les obus tombaient autour de l'École de droit et sur cette École, il a écrit l'article, inséré dans la *Revue des Deux-Mondes* du 1er février 1871 : *Le droit des gens et la guerre de la Prusse.* Nulle trace d'émotion personnelle dans cette réfutation, aussi fortement raisonnée qu'éloquente, des sophismes par lesquels l'ennemi prétendait justifier des violations certaines du droit des gens.

Le jugement prononcé par M. Giraud, professeur de droit des gens, a d'autant plus d'autorité qu'il émane d'un ancien ami de l'Allemagne, épris de ses travaux, et qui, plus que tout autre, je

crois, avait propagé en France le goût et la connaissance de la
littérature allemande, historique et juridique (1).

Qu'on me permette de revenir aux *Notices* pour y relever encore
un trait qui marque toute la grâce de l'esprit chez M. Giraud : il
n'a jamais manqué de rendre hommage aux femmes supérieures
ou distinguées qui ont été les mères ou les épouses de ses héros,
depuis la femme de Pasquier qui, loin de son mari, s'est laissée
emprisonner au Louvre plutôt que de payer une taxe imposée, sans
droit, par les ligueurs, jusqu'aux contemporaines de M. Giraud,
Mmes Bérenger, Dupin, la mère et la femme du comte Sclopis.

Il n'aurait pas oublié Mme Dufaure s'il eût écrit une notice sur
M. Dufaure.

Dans le XVIIIe siècle, qu'il connaissait si bien, M. Giraud a fait
deux portraits de femmes qui resteront, celui de Mme de Lambert,
à laquelle il reconnaît autant de délicatesse d'aperçus qu'à Saint-
Evremont, avec le scepticisme de moins et l'élévation morale de
plus ; celui de la belle maréchale de Villars, qu'il défend, en che-
valier aussi dévoué que savant, contre une méchanceté de Saint-
Simon, mais sans vouloir rechercher si le mauvais propos ne
pourrait point s'appliquer à une autre héroïne, parce que, dit-il
avec une exquise délicatesse, « ce serait un abus de l'érudition ».

> C'est peu d'être agréable et charmant dans un livre ;
> Il faut savoir encore et converser et vivre.

M. Giraud excellait à converser.

On regrette profondément de ne plus causer avec M. Giraud ; de
ne plus travailler avec M. Jozon ; de n'avoir plus pour guide
M. Dufaure.

La Société s'honore d'avoir compté parmi ses membres M. le
conseiller Justin GLANDAZ ; elle avait placé le vénérable magistrat
dans son comité de direction.

M. Justin Glandaz a débuté au barreau de Paris ; il y a plaidé de
telle sorte que, à trente et un ans, il était élu membre du conseil
de l'ordre. Bientôt après il prenait place dans le ministère public,
d'abord du tribunal, puis de la Cour ; il montrait, notamment dans
les procès de presse, et lorsqu'il avait pour adversaires Marie,
Bethmont et même Berryer, un talent qui l'a fait nommer avocat-
général à la Cour de Cassation. Il avait quarante-cinq ans. Deux ans
plus tard il était conseiller. Des voix autorisées ont rappelé les

(1) « L'Allemagne était même devenue pour nous, depuis la paix générale
de 1815, la plus sympathique des nations, la plus affectionnée de toutes les
classes de la population européenne... » Article cité.

services que M. Glandaz a rendus successivement dans les deux chambres civiles de la Cour suprême.

Le gouvernement manifesta sa haute opinion de la capacité législative de M. Glandaz, en le nommant membre, en 1863, de la commission chargée de préparer la révision du Code de procédure; en 1867, membre de la commission instituée pour étudier, entre autres, la question des marchés à terme.

En mars 1870, à Tours, M. Glandaz présidait la Haute-Cour; en juillet de la même année, il faisait partie de la Haute-Cour siégeant à Blois.

M. Glandaz fut aussi, deux fois, juge des concours d'agrégation; à l'École comme au Palais, il a laissé un renom de ferme impartialité.

L'éminent magistrat a dû sa carrière rapide autant qu'honorable, d'abord à son énergie qui n'a jamais laissé dormir en lui ses belles facultés; en second lieu à sa famille, à l'exemple que lui avaient donné son père et ses frères aînés; enfin, je le crois du moins, au bon enseignement qu'il avait reçu de l'Université.

Son frère Sigismond, celui qui est devenu le célèbre président de la compagnie des avoués et, tout en restant un lettré, le premier « jurisconsulte d'affaires » de son temps, avait été prix d'honneur, entre Villemain et Cousin. Marchant sur les traces de son aîné, Justin Glandaz a fait des études si bonnes à Charlemagne, qu'il a été, — M. le procureur général le disait naguère, — le vivant témoignage d'une vérité formulée par lui-même: « Les études fortes font les hommes forts. »

Ici moins qu'ailleurs il serait permis de combattre la recherche prudente du progrès dans les méthodes. L'Université se perpétuera en se perfectionnant; mais elle regardera toujours comme des modèles les maîtres de MM. Glandaz et de tant d'autres hommes, distingués, illustres, qui, depuis quarante ans, ont peuplé l'Institut, les Chambres législatives, les tribunaux, le barreau, etc., etc., élite nombreuse de la société française, monde lettré, savant, poli et spirituel.

Quelques travaux laissés par notre regretté collègue montrent qu'il écrivait aussi bien qu'il parlait, et qu'il était penseur ou philosophe autant que jurisconsulte. Dans des conclusions, souvent citées, en faveur de la légalité d'une adoption faite par un prêtre (affaire Houël), après une forte discussion du point de droit, M. Glandaz se demande ce que la loi déciderait si elle était appelée à trancher, par un texte, la question; il trace la mission du législateur, en matière d'état des personnes, avec une élévation et une justesse qui révèlent, chez lui, le mérite que vous prisez le plus, l'esprit législatif.

C'est encore la qualité qui brille, avec la sagacité de l'observateur et la modération du sage, dans le discours de rentrée que M. Glandaz prononça, en 1845, devant la Cour de Paris. L'orateur appréciait la légitimité du reproche, quelquefois adressé à la magistrature, de faire, dans ses jugements, au préjudice de la science, une part trop grande aux considérations tirées du fait, aux séductions de la fausse équité ; M. Glandaz trace finement un parallèle entre la magistrature ancienne et la magistrature nouvelle, entre la vieille société et la société nouvelle ; il reconnaît que l'activité du monde actuel oblige la justice elle-même à une marche plus rapide, qu'elle la force, — c'est son expression, — à se mettre au pas du siècle. Mais la justice ne devient pas, dans sa célérité, moins respectueuse du droit ; elle peut, dans chaque affaire, le reconnaître plus vite qu'autrefois, parce que la procédure simplifiée « ne vient plus se placer entre le juge et la vérité... », parce que la loi elle-même n'est plus incertaine : elle est écrite ; elle n'est autre que la raison humaine éclairée successivement, dit M. Glandaz, par le spiritualisme socratique, lumière du droit romain, et par le spiritualisme divin, lumière plus pure encore de notre droit moderne.

Cette loi a dépouillé le caractère de commandement trop absolu ; elle s'est rapprochée de l'équité. Le juge qui l'applique n'est plus obligé de sacrifier la justice à la loi.

Vous allez, Messieurs, retrouver votre idée maîtresse ; — M. Glandaz ajoute qu'il faut se défendre contre les quiétudes d'un optimisme dangereux ; il demande au magistrat de méditer les problèmes que la loi n'a pas encore tranchés ou dont elle n'a donné qu'une solution partielle ; il cite la question de l'assurance terrestre, celle de la protection des fortunes mobilières, spécialement, — il devance M. Dufaure, — du patrimoine mobilier des incapables.

Je ne peux que mentionner une claire et substantielle monographie sur la communauté conjugale, insérée dans l'Encyclopédie du droit de MM. Sebire et Carteret, et une touchante notice sur M. le président Gastambide.

Cette dernière œuvre, écrite à quatre-vingts ans, montre, par l'élévation constante de la pensée et par la chaleur encore ardente des sentiments, combien l'étude du vrai et du bien, jusqu'à la fin d'une longue vie, avait développé et entretenu la beauté de l'âme chez notre vénéré collègue, M. Justin Glandaz.

Quelques jours après la mort de M. Glandaz, nous perdions M. de VALROGER, professeur d'histoire du droit à la Faculté de Paris.

Son enseignement et ses travaux portaient ses regards vers le passé; mais, dans ses leçons et dans ses ouvrages, l'idée du progrès n'était jamais absente. M. de Valroger parlait avec admiration de l'ouvrage de M. Rossi sur le droit pénal, parce que, disait-il, « l'influence de cet ouvrage a été considérable : elle a puissamment contribué à de grandes réformes dans le droit criminel de toute l'Europe (1) ».

M. de Valroger tint à honneur d'être des vôtres.

Après des études au lycée de Caen, si brillamment terminées que le ministre lui envoya une médaille, M. de Valroger avait fait son droit; puis il s'était engagé dans la rude voie des concours; à vingt-sept ans, il était suppléant; à trente ans, professeur de Code civil à la Faculté de Caen.

Doué du talent oratoire, il réussit au Palais comme à l'École. Sa position de professeur et d'avocat était faite lorsque devint vacante, à la Faculté de Paris, la chaire d'histoire du droit. M. de Valroger avait étudié les origines des lois françaises, mais il n'avait rien publié; il n'en avait pas eu le temps. Comment son aptitude à la chaire d'histoire sera-t-elle révélée? Par le concours. A quarante-trois ans, M. de Valroger eut le courage d'affronter une série d'épreuves, multipliées outre mesure; il en sortit avec beaucoup d'honneur.

Les juges du concours ne s'étaient pas trompés. M. de Valroger a rendu deux grands services à la science qu'il a enseignée pendant trente-deux ans : il a fait aimer l'histoire du droit par la jeunesse de notre école; il a puissamment contribué à mettre le monde savant en garde contre l'usurpation, par la légende, de la place qui appartient à l'histoire.

Comme l'a rappelé sur sa tombe le plus autorisé de ses collègues, les étudiants, jusqu'à la nomination de M. de Valroger, étaient trop portés « à n'estimer que la connaissance immédiate du droit actuel (2) ». Depuis lors, et nombre de thèses de doctorat en font preuve, l'histoire du droit est étudiée avec goût et avec succès.

L'œuvre du savant n'a pas été moins utile.

En 1867, réunissant des Études qu'il avait publiées dans la *Revue critique de législation*, sur les monuments du droit primitif de la monarchie française, M. de Valroger a donné son premier ouvrage : *Les Barbares et leurs lois*, exposition claire, concise, élégante du dernier état de la science.

Ce n'était pas la partie la plus difficile à exécuter du monument que notre collègue avait la légitime ambition de construire, une

---

(1) Discours prononcé à la distribution des prix, Faculté de droit de Paris· 1878.

(2) Discours de M. Chambellan, *Gazette des Tribunaux* du 3 septembre 1881,

histoire du droit français. Il trouvait, à la base, une bien autre difficulté que celle de démêler les origines germanique, romaine, canonique de notre droit; il rencontrait le problème de l'origine celtique. Le droit qui s'appliquait dans la Gaule avant la domination
romaine peut-il être reconstitué? Voilà l'objet de la vaste recherche
entreprise par M. de Valroger, et dont il a donné les résultats, en
1879, dans le livre intitulé : *Les Celtes, la Gaule celtique*. L'enquête,
— c'est son mot, — a porté successivement sur les peuples qui ont,
avant les Celtes, habité la Gaule, les Ibères et les Ligures ; sur les
Celtes de la Gaule dans les temps qui ont précédé l'invasion romaine,
et sur les Celtes de plusieurs contrées de l'archipel britannique.

Monuments du droit, coutumes, littératures, non seulement en
Gaule, mais dans le pays de Galles, dans la Basse-Bretagne, chez les
brehons d'Irlande, dans la Haute-Écosse, — c'est de la législation
comparée, — druidisme, etc., rien n'a été négligé par l'enquêteur.

Il a rencontré les légendes; il a soumis à la critique les systèmes
historiques qui en sont sortis. La légende, dit-il, a perdu son crédit,
quand la critique historique commença son œuvre. Mais, plus tard,
les savants se flattèrent de démêler les faits réels sous l'enveloppe
fabuleuse dont ils étaient recouverts. « Idée séduisante, mais
d'une pratique délicate, périlleuse : car, du moment qu'on se donne
pleine licence pour décomposer et refaire les légendes, elles se
prêtent à tous les caprices et se laissent facilement accommoder à
des systèmes préconçus; on court grand risque d'être dupe de ses
propres inventions (1).

Là, M. de Valroger se mesure, victorieusement peut-être, avec
d'illustres historiens. « C'était bien la peine, dit-il, d'avoir banni
de notre histoire Priam et Francus pour y installer Hu et Nemeïdh (2) ».

M. de Valroger conclut, de son enquête, que les documents
recueillis ne permettent pas de reconstituer par conjecture le droit
de la Gaule; que parvint-on à découvrir quelques atômes d'éléments
celtiques ayant survécu à l'époque romaine, resterait à répondre à
cette question : Une coutume semblable n'existait-elle pas en Germanie? n'est ce pas de là, plutôt que de la Gaule, qu'elle passa dans
notre droit (3)?

M. de Valroger a-t-il réussi dans son entreprise? Des juges autorisés ont déjà répondu favorablement.

(1) Page 375.
(2) Page 395.
(3) Page 556.

Mais le monument est inachevé. Je serai, sans aucun doute, l'organe de la Société tout entière, en exprimant le vœu que notre honorable collègue, M. Lucien de Valroger, et son frère, M. le vice-président du tribunal de Lille, publient le cours de leur savant père, et qu'ils ajoutent à « la préface de l'histoire du droit français (1) » ce qu'ils pourront extraire des manuscrits qui contiennent cette histoire.

Ces généreuses entreprises ne sont au-dessus ni du mérite, ni de la piété filiale de MM. de Valroger.

Je n'ai parlé que du professeur et du savant. Pour apprécier l'homme, sa force morale et son élévation d'esprit, il suffit de savoir que, pendant plusieurs mois, M. de Valroger a vu sans trouble, sans interrompre ses travaux, la mort s'approcher de lui ; et de connaître la réflexion qu'il a faite sur la fin de M. Rossi ; il racontait que le ministre du Pape, quatre fois averti, avait marché au devant la mort : « Ah ! ne le plaignons point ! a dit M. de Valroger, une telle mort ne vaut-elle pas mieux que la vie... » ?

Après un professeur, Messieurs, encore un professeur que la mort nous enlève, M. Joseph GARNIER.

Pectus professorem facit, répétait à ses anciens élèves, en leur donnant l'exemple du dévouement, mon maître vénéré, M. Bugnet. M. Garnier avait le feu sacré de l'enseignement ; depuis 1846 jusqu'à sa mort, il a fait le cours d'économie politique et de statistique à l'École des Ponts et Chaussées, le cours d'économie politique à l'École supérieure du commerce et au collège Chaptal.

Propager les vérités économiques qui lui paraissaient définitivement acquises, était, disent ceux qui l'ont connu, la passion de M. Garnier. Plus soucieux de vulgariser la science que d'avoir le renom d'esprit original et créateur, M. Garnier a composé un livre, le *Traité d'économie politique*, qui a été traduit dans toutes les langues, qui est arrivé, l'année dernière, à la huitième édition, et qui fonde, pour un long avenir, la réputation de l'auteur.

Vous connaissez, Messieurs, les principaux ouvrages de M. Garnier, et je n'ai pas besoin d'en rappeler les titres. Notre savant collègue, M. le conseiller Pont, a dit, sur la tombe de M. Garnier, que « ses mémoires, lus ou présentés à l'Académie des sciences morales, sur la *Question de la misère*, sur les *Profits et les salaires*, sur les *Physiocrates*..., sur le *Blocus continental*, etc.; et ses ouvrages touchant l'économie politique, sociale ou industrielle, les finances, la statistique, les questions de population, l'enseignement commer-

(1) Page 557.

cial ; ses écrits divers et sa large collaboration au *Dictionnaire du commerce* et au *Dictionnaire d'Économie politique* forment un ensemble de quarante à cinquante volumes ou brochures (1) ».

Tant de services rendus à la science ont été appréciés par l'Institut ; M. Joseph Garnier a remplacé, en 1873, M. Charles Dupin.

Je dois me borner, faute de compétence et d'espace, à rappeler ce qui explique l'adhésion cordiale donnée par notre éminent collègue à la Société de Législation.

La foi de M. Garnier dans les vérités économiques était une foi active : il les enseignait en chaire ; il les enseignait dans le *Journal des Economistes*, dont il a été pendant vingt ans le rédacteur en chef ; il les propageait, en fondant avec quelques amis la *Société d'Économie politique*, dont il a été le secrétaire pendant trente-neuf ans ; en fondant avec Bastiat, entre autres, l'*Association pour la liberté des échanges* ; enfin, il s'efforçait de faire pénétrer ces vérités dans les lois.

Sa place était donc parmi vous, Messieurs, qui stimulez incessamment le législateur, en plaçant sous ses yeux les progrès déjà réalisés par des législations étrangères.

M. Garnier invoquait l'autorité de ces législations à l'appui des demandes qu'il adressait au législateur.

« Les lois sur l'usure, a-t-il écrit, abolies en Angleterre et dans quelques autres pays, — Jozon a pu dire, plusieurs années après : dans presque tous les pays, — ces lois seront abolies partout, au fur et à mesure que les préjugés des populations diminueront et que les législateurs seront plus éclairés (2) ».

Dès que M. Garnier sera sénateur, il usera du droit d'initiative en matière de législation monétaire.

Le principe des lois était, pour M. Garnier, ce qu'il est pour vous, Messieurs, le respect de la personne, de sa nature, de sa liberté. Donner satisfaction aux besoins de l'homme était, chez notre regretté collègue, le but de toutes les sciences concourant à former la science qu'il nommait *sociale* ; parmi les besoins de l'homme, après avoir suivi une progression du corps à l'intelligence, de l'intelligence à la conscience, il comptait les besoins de justice, de générosité, de charité, de religion, besoins, disait-il, qui vont en augmentant avec la civilisation ; il ajoutait : « Cette progression est la conséquence de l'augmentation du travail, de l'activité, de la force de l'habitude et du sentiment *de dignité* qui s'accroît et se fortifie dans l'homme (3) ».

(1) *Journal des Économistes*, 1881, p. 20.
(2) *Premières notions d'économie politique...*, 5ᵉ édition, p. 155.
(3) *Loc. cit.*, p. 4 et 5.

On ne s'étonne pas que cet individualiste convaincu ait attaqué toujours le socialisme, soit que le socialisme vînt d'en haut soit qu'il vînt d'en bas.

Chez M. Garnier, le caractère était au niveau de la doctrine : pendant la Commune, il continue à Paris la publication du *Journal des Economistes;* malgré le danger que lui font courir ses justes appréciations des actes de la dictature démagogique, non seulement il refuse de quitter Paris, mais il ne prend aucune précaution pour sa sûreté ; réduit à un seul employé et à quelques rares compositeurs, il fait paraître, le 18 mai, le numéro du 15, dans lequel la chronique économique, signée : Joseph Garnier, commence ainsi : « Depuis deux mois la guerre civile sévit aux portes de Paris. Une affreuse lutte fratricide se poursuit à coups de canons et de mitrailleuses. Les cadavres et les mutilés se comptent par dizaines de mille, de même que les veuves et les orphelins. Ce spectacle abominable scandalise le monde civilisé ; il désole la France et tous ceux qui ont vu jusqu'ici en elle un foyer de lumières et de généreux instincts... (2) ».

Lorsqu'ils ont élu sénateur M. Joseph Garnier, ses compatriotes des Alpes-Maritimes n'ont fait que rendre l'hommage le plus mérité à la science libérale de l'économiste, au dévouement du professeur et à l'admirable courage du citoyen.

Peu de jours après la perte de M. Garnier, la Société éprouvait une nouvelle affliction. Un coup soudain de la mort la privait de l'un de ses membres les plus savants, de M. le président MASSÉ.

M. Massé, juge à Provins en 1847, était, en 1862, conseiller à la Cour de Paris, en 1868 conseiller à la Cour de cassation ; en 1880, il était élevé à la présidence de la Chambre civile.

M. Massé avait été nommé membre de la commission chargée de reviser le Code de commerce ; plus tard, il avait été quatre fois désigné pour juger les concours d'agrégation ; il avait été placé dans le comité consultatif du contentieux près le ministère des affaires étrangères ; bien entendu, vous l'aviez appelé à faire partie de votre Conseil de direction.

Sa réputation avait dépassé les frontières de la France; il était, par élection, membre de l'Institut international.

Enfin, il avait reçu la consécration suprême, il était membre de l'Académie des sciences morales et politiques.

Le principal ouvrage de M. Massé, le *Droit commercial dans ses*

(2) Le *Journal des Économistes,* avril-juin 1871, p. 298. — Voir *Joseph Garnier,* par M. de Molinari, *Journal des Economistes,* octobre 1881, p. 11.

rapports avec le Droit des gens et le Droit civil, suffirait à justifier une si belle carrière : il explique aussi l'affinité qui existait entre vous, Messieurs, et notre très distingué collègue.

Dans la préface de son livre, M. Massé raconte qu'il doit aux grands jurisconsultes italiens des xvie et xviie siècles, aux fondateurs du droit commercial, l'idée d'une recherche systématique des rapports du droit commercial et du droit civil ; il doit à lui-même l'idée, plus élevée encore, de fixer les rapports du droit commercial avec le droit des gens.

Cette pensée ne pouvait naître que chez un légiste philosophe ; elle ne pouvait être bien réalisée que par un jurisconsulte possédant, en maître, le droit des gens, le droit commercial et le droit civil.

M. Massé avait l'esprit philosophique ; il était de l'école de Domat. Suivant lui, comme selon l'ami de Pascal, Dieu est l'auteur du droit naturel, il donne à l'homme la raison pour connaître ce droit, pour distinguer le juste de l'injuste ; Dieu a destiné l'homme à l'état social : l'homme suit la loi naturelle ou divine, lorsqu'il fait le commerce qui est, dit M. Massé, le moyen le plus efficace d'entretenir la sociabilité entre les hommes (1). Conséquent avec ces prémisses, M. Massé déclare que la paix est le but et la destination finale de l'humanité ; il ne peut admettre que la science n'ait produit ses merveilles que pour donner à l'homme des moyens de destruction, jusqu'alors inconnus.

Mais le philosophe n'arrête pas, dans ses recherches, le jurisconsulte ; celui-ci doit donner la solution des questions de droit des gens et de droit commercial, que soulève l'état de guerre, non moins que celle des questions qui naissent dans l'état de paix. M. Massé traite successivement du commerce en temps de paix et du commerce en temps de guerre. Lorsqu'il aborde ce dernier sujet, écrivant après la guerre de 1870, il déclare qu'il se dégage de l'influence des malheurs présents ; qu'il se souvient qu'un livre de doctrine doit être fait pour tous les temps, pour tous les lieux, pour tous les peuples, qu'il ne doit pas être un livre de polémique.

La science et le talent du jurisconsulte sont attestés, non seulement par ce remarquable ouvrage, mais encore par la traduction du livre de Zachariæ, le *Droit civil français*, traduction accompagnée, sur tous les points difficiles, de l'opinion des habiles annotateurs, MM. Massé et Vergé.

(1) *Le Droit commercial dans ses rapports...*, p. 44 et 79. — Domat avait dit : « On voit dans toutes ces sortes d'engagements, et dans tous les autres qu'on saurait penser, que Dieu ne les forme et n'y met les hommes que pour les lier à l'exercice de l'amour mutuel... » *Traité des lois*, chap. iv, n° V.

Je dois rappeler aussi le rapport de M. Massé, à l'Académie, sur le concours relatif aux titres négociables ; le rapport fait, cette année même, au nom de la Cour de cassation, sur le projet de loi portant révision de l'article 105 du Code de commerce.

Peu de temps avant, M. Massé avait trouvé, dans le projet de révision du Code de commerce italien, la matière de deux communications d'un vif intérêt, la première à votre assemblée de janvier 1878, la seconde, en 1879, à l'Académie.

M. Massé vous a entretenus des différences, qu'il a signalées en général comme des progrès, entre notre Code de 1807 et le projet italien, notamment : de modifications profondes en matière de lettre de change ; du règlement des assurances terrestres à prime ; d'une loi complète sur la faillite des sociétés commerciales, etc., etc.

Le travail de M. Massé guidera certainement le législateur, quand il abordera la réforme de nos lois commerciales.

A l'Institut, M. Massé s'est attaché surtout à faire connaître le procédé suivi déjà plusieurs fois, en Italie, pour mener à fin l'entreprise de refondre tout un Code ; il a montré comment une commission formée, en majeure partie, de sénateurs et de députés élus par les Assemblées respectives, est investie par les Chambres du pouvoir d'apporter au projet du Gouvernement les modifications qu'elle jugera nécessaires ; comment le projet ainsi révisé devient loi, est promulgué, sans avoir été voté par les Chambres, avec cette réserve que le Gouvernement est obligé, après une période fixée par une loi, de présenter aux Chambres un rapport sur les résultats de l'application des dispositions nouvelles, afin que, s'il y a lieu, elles soient modifiées.

M. Massé concluait ainsi : « C'est peut-être un grand service que nous aurait rendu l'Italie, si son exemple nous décidait à la suivre dans la voie qui lui a déjà permis, dans plusieurs circonstances, de modifier heureusement et promptement sa législation ».

Je dirai, à mon tour : C'est peut-être un grand service que M. Massé nous aurait rendu, si son autorité décidait la France à tenter l'expérience qui a réussi plusieurs fois à l'Italie.

Cette expérience nous réussirait à coup sûr, si la commission, investie de la délégation législative, était composée de légistes aussi savants et aussi habiles que notre regretté collègue M. le président Massé.

J'abuse, Messieurs, de votre attention, et cependant, je ne peux passer sous silence trois noms que la mort a rayés encore de notre liste ; celui d'abord d'un journaliste célèbre, du créateur de la presse à bon marché, de l'écrivain que l'on a nommé, justement, en faisant un mot, le grand remueur d'idées.

M. Emile de Girardin a donné une nouvelle preuve de son ardeur pour le progrès, en adhérant à l'entreprise que vous aviez faite de chercher, dans le monde entier, les idées législatives dont l'adoption ferait avancer le pays dans la voie de la civilisation.

A l'étranger, nous avons perdu M. Aurelio-Prado y Rojas, docteur en droit, résidant à Buenos-Ayres.

Nous garderons le souvenir d'un collègue qui mettait tout son zèle à faire connaître, au delà de l'Océan, l'objet et les travaux de la Société.

En France, la mort nous réservait un dernier coup singulièrement cruel ; elle a frappé un de nos collègues, plus jeune même que M. Jozon. M. le baron James de Rothschild n'avait que trente-six ans. Il portait honorablement un nom que la richesse bien acquise, l'habileté financière et la bienfaisance ont répandu dans les deux mondes. Il avait senti noblement que la Société française n'accorde toute sa considération qu'aux hommes qui la servent par le travail. M. de Rothschild avait travaillé. A peine sorti de l'École de droit, il insérait dans la *Revue pratique* un article sur la naturalisation, que notre savant collègue M. Demangeat a qualifié de très bon. M. de Rothschild débutait au barreau ; puis il se consacrait aux travaux d'érudition et devenait un bibliophile distingué. En 1875, il a publié avec M. de Montaiglon, professeur à l'École des Chartes, le tome X du *Recueil de poésies françaises* des xvᵉ et xviᵉ siècles. Plus tard, il annotait et faisait imprimer, à ses frais, des volumes de vieux ouvrages curieux (1) qu'il plaçait libéralement dans les bibliothèques des érudits, membres avec lui de la Société des anciens textes. M. de Rothschild avait fondé la Société des études juives ; il en était le président lorsqu'il est mort. La Société des études juives a publiquement adressé des adieux touchants et très honorables à M. James de Rothschild.

J'ai terminé, Messieurs, ma tâche douloureuse.

Le temps, dont j'ai dépassé la mesure, me retire la parole. Que pourrais-je, d'ailleurs, ajouter aux exemples que nous laissent ceux qui nous ont quittés ?

Je m'arrête, convaincu que vous continuerez à enrichir la science de travaux si utiles, qu'ils mériteront à la Société de Législation comparée une place dans l'histoire de la civilisation française.

(1) *Le Mistère du viel Testament ; — les Continuateurs de Loret...*

Paris. — Imprimerie C. Marpon et E. Flammarion, rue Racine, 26.

PARIS. — IMPRIMERIE C. MARPON ET E. FLAMMARION, RUE RACINE, 26.